Swetlana Ebert, Ralf-Erik Ebert

Herzlichen Glückwunsch zu ADHS

7 Vorteile des Aufmerksamkeitsdefizit-Hyperaktivitätssyndroms

Vielen Dank an Stephan Ebert für die zahlreichen Vorschläge zu Text und Illustrationen.

Swetlana Ebert, Ralf-Erik Ebert

Herzlichen Glückwunsch zu ADHS!

7 Vorteile des Aufmerksamkeitsdefizit-Hyperaktivitätssyndroms

Für Menschen ab 10 Jahre

Mit Illustrationen von
Sina Marth und Swetlana Ebert

© 2012 Swetlana Ebert, R.-Erik Ebert

Illustrationen: Sina Marth, Swetlana Ebert

Satz und Layout:
Spätlese – Lese- und Schreibladen, Berlin

Herstellung und Verlag:
BoD – Books on Demand, Norderstedt

ISBN 978-3-8482-3044-0

Ein Brief an dich

Lieber Kevin, Justin, Alexander,
liebe Julia, Jessica, Carolin
oder wie immer du auch heißen magst,

es grüßen dich Swetlana und Erik aus Berlin.
Wir sind zwei Erwachsene mit ADHS,
Swetlana ist Lehrerin und Erik ist
Programmierer.

Stopp, leg das Büchlein nicht gleich wieder aus
der Hand, bloß weil ein Pauker mitgemischt
hat!!!

Wir wissen, die Lehrer sind nicht deine besten
Freunde, um es mal ganz harmlos
auszudrücken.

Wenn du das Büchlein nach der dritten Seite
noch doof findest, dann kannst du es gern
zerreißen, als Kritzelblock benutzen, Papier-
schiffe daraus falten … ;-)

Du wunderst dich jetzt, warum wir dir
schreiben? Ganz einfach, das kam so:

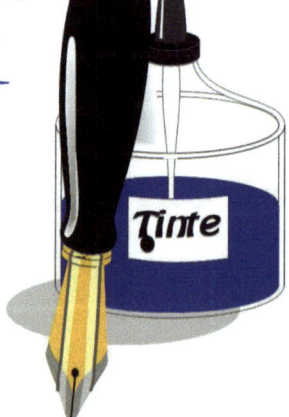

Deine Eltern, Lehrer oder auch ein Arzt haben ADHS bei dir vermutet. Vielleicht wurdest du auch schon deshalb untersucht.

Zum Arzt geht man immer, wenn man krank ist, stimmt's? Wenn man also sagt, du hast ADHS, dann denkst du sofort an eine Krankheit.

Komisch, du fühlst dich doch aber gar nicht krank, sondern eigentlich ziemlich gesund und lebendig.

Nur die Erwachsenen sagen, dass etwas mit dir nicht stimmen soll. Und deine Mitschüler finden dich vielleicht manchmal nervig oder komisch. Möglicherweise bist du der Klassenkasper oder träumst lieber vor dich hin, als mit anderen zu spielen. Aber: ist das „krank"?

Weil wir auf diese Frage antworten wollen, schreiben wir dir.

Zunächst einmal: Wir gratulieren dir, dass du ADHS hast! Denn das hat viele Vorteile, von denen wir dir auf den nächsten Seiten erzählen werden.

Tinte

Wo ADHS herkommt

Natürlich ist es Zufall, als ADHSler geboren zu werden, genauso wie mit blauen, grünen oder braunen Augen. Aber du hast sicher schon gemerkt, dass bestimmte äußere Merkmale an deinem Körper von deinen Eltern vererbt worden sind.

Das ist auch mit dem ADHS so. Deine Eltern tragen also genau solche Merkmale in sich wie du, auch wenn du sie bei ihnen vielleicht nicht so gut erkennen kannst.

Was ist das nun aber, dieses ADHS?

Das bedeutet nichts anderes, als dass dein Gehirn ein wenig anders funktioniert als bei der Mehrheit der Menschen um dich herum.

Wenn du darüber genauer Bescheid wissen willst, so lies auf Seite 33 weiter.

Sieben Vorteile von ADHS

Du siehst, hörst und fühlst viel mehr als andere.

Zum Beispiel merkst du immer, wo gerade Action ist. Da willst du dann natürlich auch hin, weil es Spaß verspricht. Normalerweise ist das ja auch okay, nur in der Schule stört es dich und andere manchmal sehr. Oder dich nervt der Lärm und du möchtest dir lieber die Ohren zuhalten und dich irgendwohin verkriechen.

Für die Menschen früher war es wichtig, alle Geschehnisse um sie herum zu beobachten und Gefahren sofort erkennen zu können.

Auch heute noch bist du als ADHSler ein Mensch, der in Gefahrensituationen schnell und klug reagieren kann. Leider (oder auch zum Glück) gibt es nicht so viele Situationen, in denen du diese Fähigkeit den anderen zeigen kannst. Aber du sollst wissen, dass du dazu in der Lage bist, wenn es mal richtig gefährlich wird.

Ehrlichkeit findest du Klasse!

Ob Menschen auch wirklich meinen, was sie sagen, merkst du sofort.

Wenn Erwachsene wirklich ehrlich sind und selber ebenfalls ihre Fehler zugeben, dann können sie dich ruhig auch mal kritisieren. Möglicherweise bist du zwar erst beleidigt oder gekränkt, aber du kannst auch schnell wieder verzeihen und den Streit vergessen.

Blöd nur, wenn der andere Streitpartner das nicht kann und du merkst, dass er dir keine Chance auf einen Neuanfang mehr gibt! Dabei hast du deine Fehler längst eingesehen und willst es jetzt besser machen. Da ist es gut, wenn dein Gegenüber genauso gut den inneren „Neustart-Knopf" drücken kann.

Du machst gerne mal was für andere.

Aber nur, wenn du wirklich Bock drauf hast! Denn es fühlt sich gut an, wenn man gelobt wird für eine Hilfeleistung. Das machst du so gut, weil du eben die anderen Menschen durchschaust und fühlst, wenn sie Hilfe brauchen. Manchmal reicht es dir schon aus, dass du angelächelt wirst.

Oft ist dir das Helfen sogar wichtiger als deine Interessen selbst. Wenn dich zum Beispiel eine Strafe erwartet, falls du dich auf dem Schulhof noch einmal prügelst, dein Freund aber von Größeren blöd angemacht wird, dann wirst du ihm natürlich helfen. Oder deine Banknachbarin bittet dich um einen Stift in der Klassenarbeit – den gibst du ihr natürlich, auch wenn du in den Verdacht des Betrügens dadurch gerätst.

Diese Hilfsbereitschaft wäre auch prima, wenn du dann nicht die Schuld bekommen würdest! Oft vergessen die Erwachsenen nämlich, nach dem Grund für dein Verhalten zu fragen, und du hast keine Lust mehr auf den Versuch, ihnen das zu erklären. Du denkst, die kapieren das sowieso nicht. Aber versuch es trotzdem, möglicherweise begreifen sie es doch. Oder leih ihnen dieses Heft aus, dann können sie es auch nachlesen.

Also, hilfsbereit bist du. Aber wenn du merkst, dass du etwas machen sollst, was du nicht willst, dann mauerst du total. **Du hast eben deinen eigenen Kopf.**

Das ist nützlich, weil man dann nicht einfach jeden Blödsinn der anderen mitmacht, sondern selbst entscheidet, was man gut findet und was nicht. Allerdings muss man in der Schule und zu Hause oft machen, was die Erwachsenen wollen. Dann gibt es Krach, weil du dich dagegen wehrst.
Das ist verständlich, bringt aber jede Menge Ärger und schlechte Zensuren. Wenn man dir allerdings eine Belohnung in Aussicht stellt, kannst du schon mal über deinen Schatten springen und dich anstrengen.

Das führt manchmal dazu, dass die anderen sagen: du kannst es ja, wenn du willst. Aber so einfach ist das nicht. Dein Gehirn lässt die Anstrengungsbereitschaft nur zu, wenn eine Belohnung winkt. Das muss nicht immer Geld oder ein neues Computerspiel sein. Manchmal reicht dir sicher auch nur die Freude, die du auf dem Gesicht des Erwachsenen siehst. Probier doch mal, ob das bei dir auch so ist!

(Kleiner Tipp hier von der Lehrerin Swetlana: Lehrer freuen sich zum Beispiel, wenn nicht ständig jemand über den „Scheißunterricht" rumstöhnt. Die haben zu Hause nämlich gesessen und überlegt, wie sie die Schüler für das Thema begeistern können.)

Wenn du noch mehr Tipps zur Selbstüberwindung brauchst, dann schlag auf Seite 39 nach.

Du hast viele tolle Ideen.

Man muss dir nur ein Stichwort geben, dann kannst du wie auf Knopfdruck lauter Ideen dazu produzieren. Manchmal stellt sich der kreative Motor in deinem Kopf gar nicht mehr ab und du lieferst plötzlich Ideen, die nichts mehr mit der Ausgangsfrage zu tun haben. Macht nichts, nur so ist die Menschheit vorwärts gekommen. Alle Forscher und Entdecker mussten auch solche „Querdenker" sein, sonst wäre nichts Neues entstanden.

Mach aber dir und anderen klar, dass die meisten dieser Ideen nicht von dir alleine umgesetzt werden. Dafür reicht deine Geduld einfach nicht. Deshalb ist es am besten, dass du Menschen um dich herum hast, die Ideen benötigen und sich dann die bei dir aussuchen, die sie auch umsetzen können. So ist es für Menschen mit ADHS oft gut, wenn sie in der Firma eine leitende Position haben, am besten mit einer Sekretärin, die ihnen den Bürokram abnimmt.

Einige deiner Ideen sind natürlich auch totaler Quatsch, das fällt dir dann hinterher auch auf. Aber wenn du das weißt und akzeptieren kannst, dass die anderen das auch sagen, dann ist daran ja auch nichts Schlimmes.

Über Möglichkeiten, die sich aus deinen ADHS-Stärken ergeben, und über Hilfen bei Schwierigkeiten kannst du etwas auf Seite 41 lesen.

Du willst alles gleich machen.

Warten ist die Hölle! Das ist nützlich, wenn du eine Idee doch alleine umsetzen willst. Dann hast du den richtigen Schwung dafür, den du brauchst, um die Arbeit an der Aufgabe durchzuhalten. Du kannst dich völlig auf eine interessante Beschäftigung konzentrieren. Das nennt man die **Fähigkeit zum Hyperfokus** und das können nur Menschen mit ADHS.

Du kennst das möglicherweise vom Computerspielen oder Lesen, wenn du dich ganz in der Beschäftigung verlierst und deine Umwelt fast oder völlig ausgeblendet wird. Da überhört man einfach alles, was nichts mit der Tätigkeit zu tun hat. Aber der Hyperfokus funktioniert auch bei Tätigkeiten, bei denen du selbst kreativ sein kannst. Vielleicht entwickelst du ein eigenes Spiel, schreibst eine eigene Geschichte, machst mal selbst Unterricht (Aber bitte sprich es vorher mit dem Lehrer ab, sonst fühlt der sich überrannt :-)

Vielleicht bist du ja auch jemand, der alles langsam und gründlich machen will. Auch das gibt es bei ADHS-lern. Das heißt doch aber nicht, dass du ruhiger oder weniger kreativ bist! Deine Ideen laufen als Filme in deinem Kopf ab und du kannst dich gar nicht entscheiden, von welchen du sprechen sollst. Wir nennen das „Kopfkino", in dem mehrere Filme gleichzeitig laufen. Wenn dich jedoch eine Idee besonders begeistert, dann hast auch du die Fähigkeit zum Hyperfokus.

Du sagst, was du denkst.

Du kannst gar nicht anders, es platzt einfach aus dir heraus. Eigentlich eine tolle Eigenschaft, denn die anderen Menschen wissen immer, woran sie bei dir sind. Das macht dich glaubwürdig und bringt dir Respekt. Man wird dir vertrauen, denn du bist immer du und verstellst dich nicht.

Manchmal jedoch wäre es dir lieber gewesen, deine Gedanken erst einmal für dich zu behalten. Wenn du dich zum Beispiel über einen anderen aufregst und dies in kränkenden Worten sagst, tut es dir oft hinterher Leid. Denn du hast ja die Situation gemeint, aber meist nicht die Person selbst. Entschuldige dich aber lieber erst, wenn du es wirklich ernst meinst! Denn wenn der andere Mensch auch ein ADHS-Gehirn hat, wird er die Lüge merken und dir nicht glauben.

Gut, wenn man Mist gebaut hat, sollte man dazu stehen. Die Ehrlichkeit, die du an anderen Menschen toll findest, beeindruckt deine Mitmenschen auch an dir.

7 Vorteile und kein Nachteil?

Das stimmt natürlich nicht ganz.

Es ist oft nicht leicht, diese Vorteile wirklich zu nutzen.

Während Menschen mit ADHS früher diejenigen waren, die mit dem Schiff losfuhren, um neue Erdteile zu entdecken, müssen wir heute in der Schule auf unserem Platz sitzen bleiben.

Während Menschen mit ADHS früher als Anführer der Jäger auf verschiedene Situationen blitzschnell reagieren mussten, haben wir heute einen eher gleichmäßigen Tagesablauf.

Diese Gleichmäßigkeit auszuhalten fällt ADHSlern schwerer als anderen Menschen. Das ist für uns total anstrengend.

Damit wir damit zurechtkommen und gleichzeitig unsere Stärken nutzen können, gibt es für uns Unterstützung.

Deshalb lassen wir uns von Ärzten beraten, die sich mit ADHS gut auskennen.

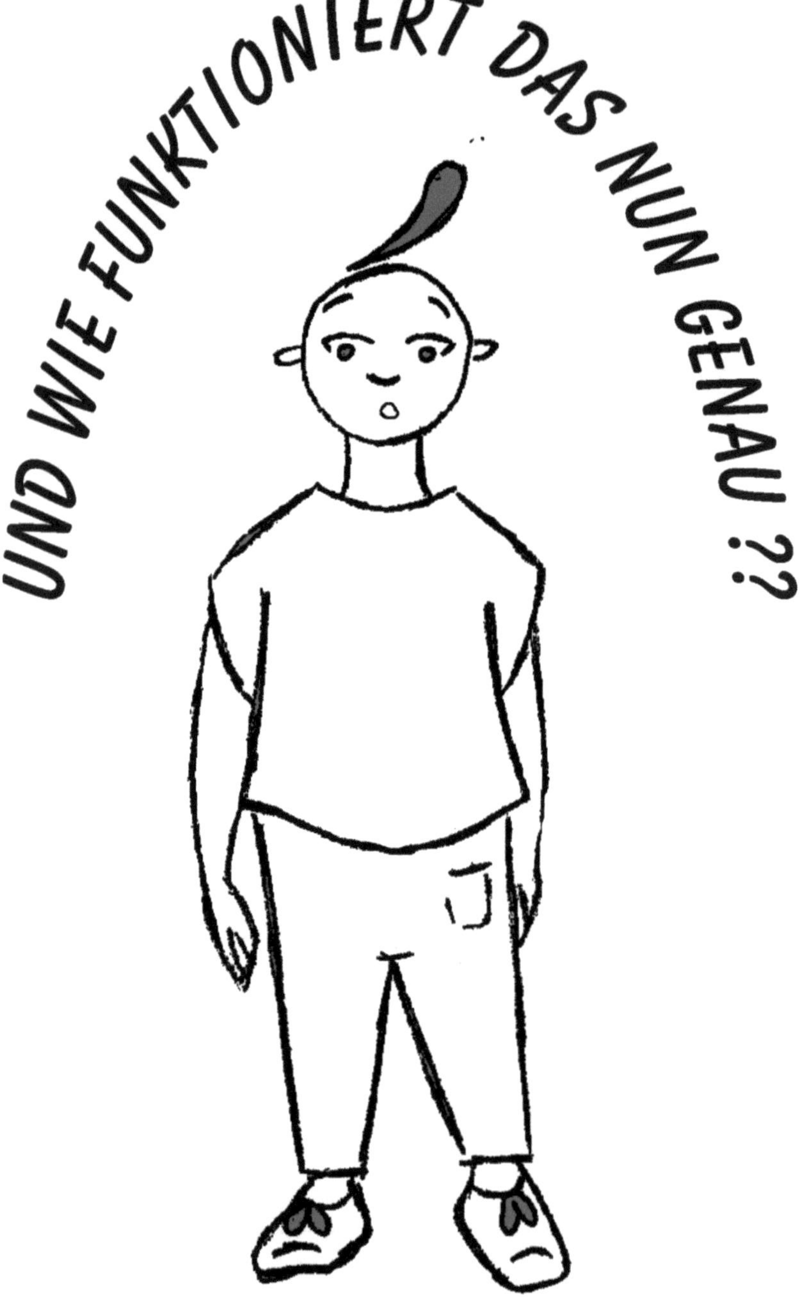
UND WIE FUNKTIONIERT DAS NUN GENAU ??

Mehr über ADHS ...

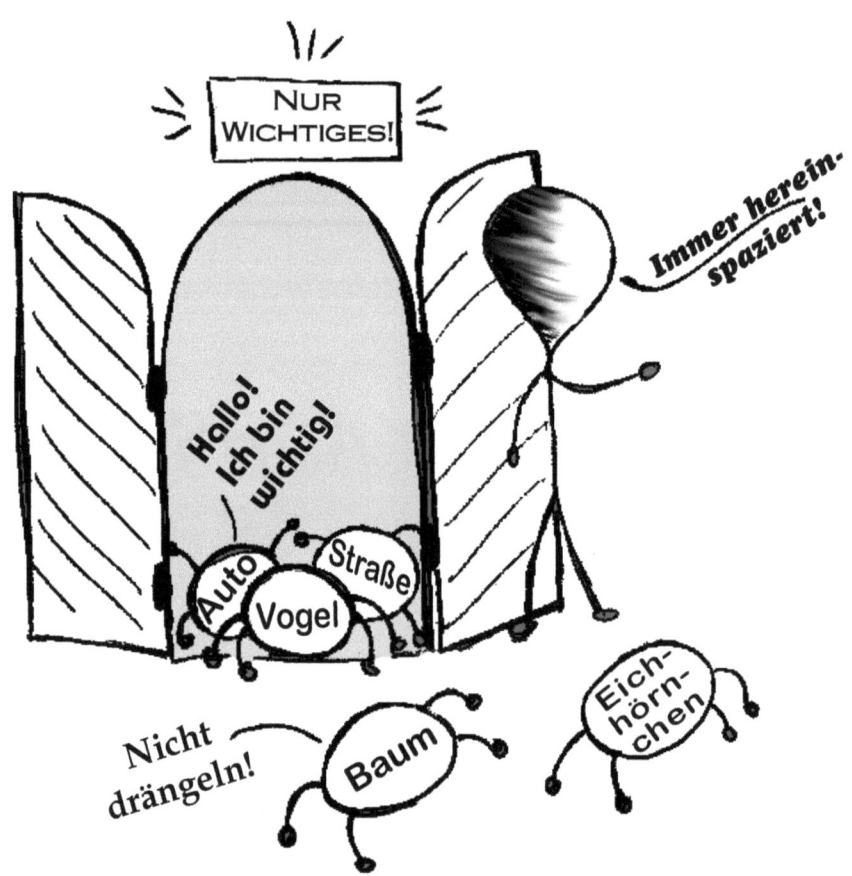

Besonderheiten im Gehirn bei ADHS

Mit unseren Sinnesorganen nehmen wir ständig alle möglichen Reize aus unserer Umwelt auf. So können wir sehen, hören, riechen schmecken usw. Unser Gehirn lernt, aus diesen Reizen Informationen abzuleiten – z. B. Bilder, Laute oder ertastete Gegenstände zu erkennen.

Der Reizfilter

Das Gehirn lernt normalerweise auch sehr schnell, wichtige von unwichtigen Reizen zu unterscheiden und die unwichtigen Reize gar nicht erst zu verarbeiten. Dazu gibt es einen sogenannten Reizfilter.

Bei Menschen mit ADHS ist dieser Filter schwächer „eingestellt", weshalb mehr Reize ins Gehirn durchgelassen werden, die bei anderen Menschen gleich als „unwichtig" aussortiert würden.

Das erklärt einerseits, warum du manchmal Dinge wahrnehmen kannst, die sonst keiner mitbekommt. Andererseits erklärt es aber auch, warum dich äußere Reize leichter ablenken können oder warum du vielleicht Lärm in deiner Umgebung schlecht aushalten kannst.

Das Belohnungssystem

Unser Gehirn hat auch ein „Belohnungssystem", das dazu da ist, unsere Wahrnehmungen in für uns gute (angenehme) und schlechte (unangenehme, gefährliche) zu sortieren. So etwas ist ganz wichtig, weil es dir z.B. erlaubt, ganz schnell abzuhauen, wenn eine Gefahr droht, ohne dass du erst lange darüber nachdenken musst.

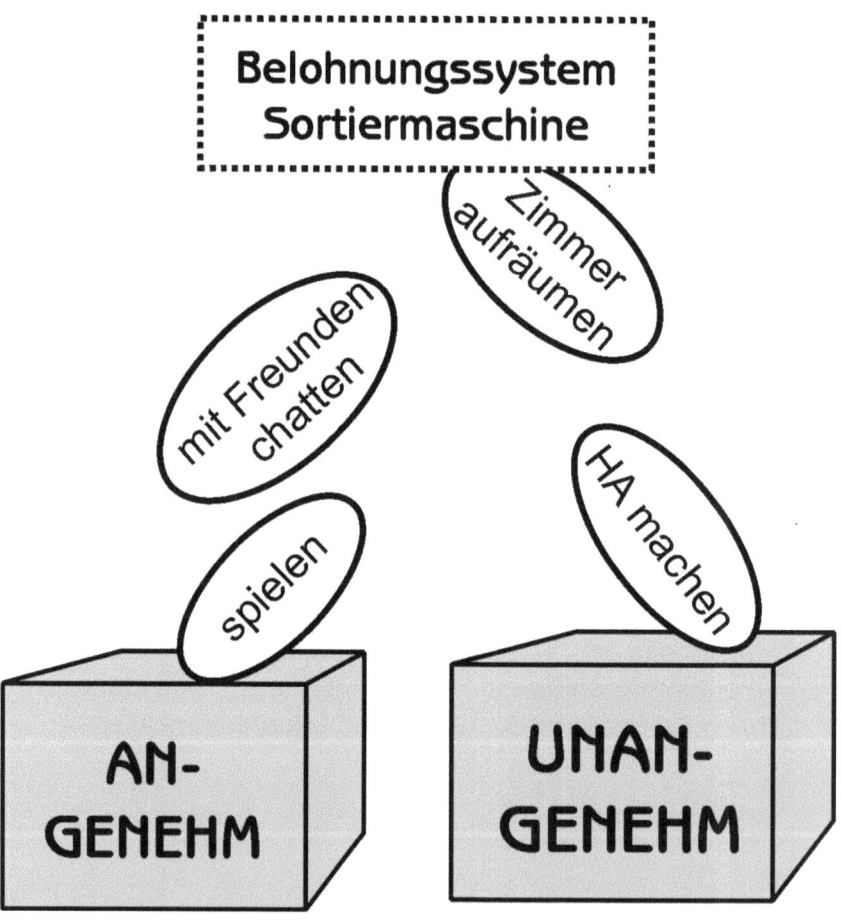

Der Computer im Kopf

Um kompliziertere Dinge entscheiden zu können, reicht das aber nicht aus. Dafür werden noch andere Teile des Gehirns gebraucht, die Informationen verknüpfen und speichern, Zusammenhänge erkennen und daraus Entscheidungen ableiten können.

Vielleicht kannst du dir das am besten vorstellen, wenn du an einen Computer denkst. So ein Ding hat einen Arbeitsspeicher, der sehr schnell, aber nicht besonders groß ist, einen sehr großen Langzeitspeicher (z. B. eine Festplatte) und eine Verarbeitungseinheit, die eben die ganze Arbeit erledigen muss. Außerdem müssen alle Informationen, z.B. Buchstaben, die du auf der Tastatur tippst, an die richtige Stelle transportiert werden, so dass die anderen Teile etwas damit anfangen können.

So ähnlich funktioniert auch ein Gehirn – auch wenn das natürlich keine Festplatte hat und nicht aus bunten Bauteilen, sondern aus Zellen besteht.

Botenstoffe und eifrige Zellen

Außerdem gibt es in einem Gehirn keine Drähte, weshalb auch die Informationen anders als im Computer übertragen werden müssen.

Um eine Nachricht im Gehirn zu versenden, schickt eine Zelle so etwas wie einen Boten los, der ein Informationspäckchen trägt und nach erledigter Arbeit wieder zurückgerufen wird.

In Wirklichkeit ist das natürlich kein kleines Männchen, sondern ein winziges Teilchen eines chemischen Stoffes – deshalb wird es auch „Botenstoff" genannt.

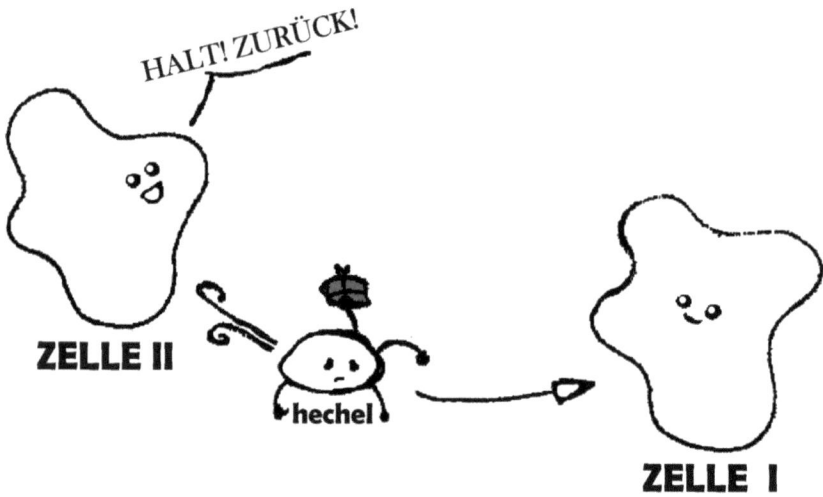

Bei Menschen mit ADHS sind nun aber manche Zellen etwas übereifrig beim Zurückrufen ihrer losgeschickten Boten. Dadurch passiert es, dass manche Boten zurückgeholt werden, bevor sie am Ziel sind und so ein Teil der Informationen nicht ankommt oder an der falschen Stelle abgeladen wird.

Was dabei herauskommt ...

Was dann passiert, kannst du dir sicher leicht vorstellen:

Die Verarbeitungseinheit in deinem Gehirn hat eine Menge damit zu tun, den durcheinander gekommenen Informationshaufen erst einmal zu sortieren. Das ist anstrengend und kostet Zeit.

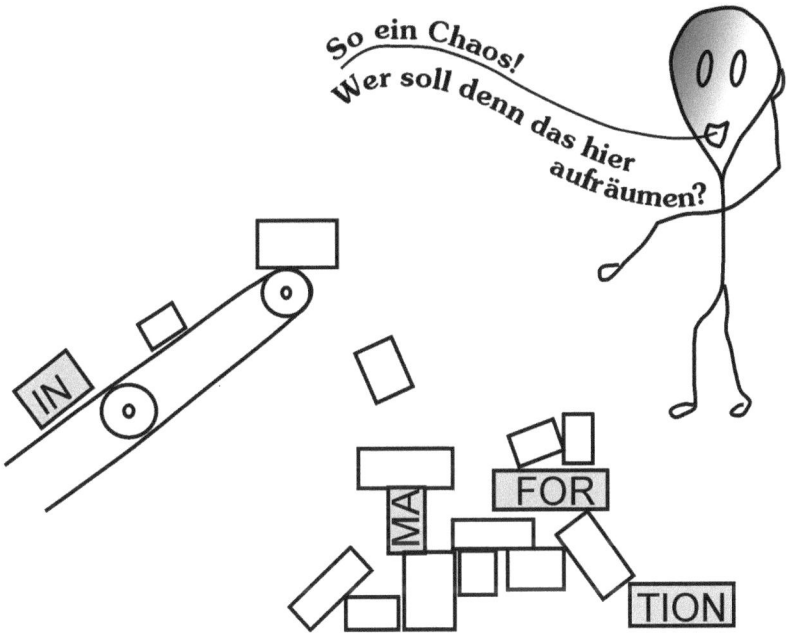

Wenn dich z.B. jemand zu einer unangenehmen Arbeit – vielleicht zum Erledigen der Hausaufgaben - auffordert, findet dein Belohnungssystem das überhaupt nicht schön und schreit laut „Ich will nicht!".

Eigentlich hast Du gelernt, dass die Hausaufgaben nötig sind und dass, wenn sie schnell erledigt werden, danach Zeit für angenehmere Dinge ist.

Weil dein Verstand nun aber nicht schnell genug auf dieses Wissen zugreifen kann, gewinnt oft das „Ich will nicht!", es gibt Ärger und die ganze Sache wird noch unangenehmer.

Auch kann es dir manchmal passieren, dass dich jemand nach einer Sache fragt, die du eigentlich ganz genau weißt und dir trotzdem – weil eben gerade die Verbindung nicht klappt – genau in diesem Moment nichts dazu einfällt. Besonders ärgerlich ist das, wenn es um eine Leistungskontrolle in der Schule geht …

Aber die Unordnung im Gehirn hat auch Vorteile:

Während Informationspäckchen, die mal wieder an der falschen Stelle angekommen sind, aufgeräumt werden müssen, kann sie dein Gehirn mit anderen Informationen verknüpfen, wozu es sonst nie Gelegenheit gehabt hätte.

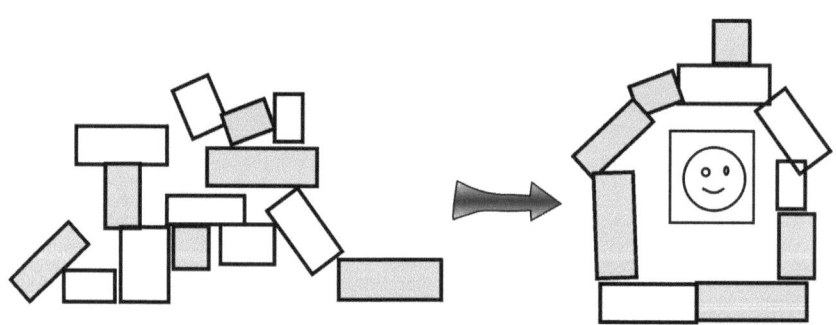

So kommst du immer wieder auf ungewöhnliche Ideen, von denen manche vielleicht sogar nützlich sind.

Und ungewöhnliche Ideen sind immer der Anfang für etwas Neues …

Tipps zur Selbstüberwindung

Das Schwierigste an unangenehmen Aufgaben ist oft, überhaupt damit anzufangen.

Es finden sich meistens ganz viele andere Dinge, die auch noch gemacht werden müssten oder könnten, die bestimmt „ganz schnell" gehen und überhaupt viel angenehmer sind.

Was also kannst du tun, damit du die Aufgaben trotzdem schaffst?

Manchmal hilft es, sich vorzustellen, was nachher noch alles Schönes gemacht werden kann. Vielleicht warten noch Freunde oder ein interessantes Buch.

Oder wie wäre es, mit der Aufgabe selbst ein Spielchen zu veranstalten? Mal sehen, wer gewinnt …

Wenn eine Aufgabe ganz groß und dick aussieht und immer dicker wird, je länger du an sie denkst – vielleicht hast du ja eine Idee, sie in kleine Teilchen zu zerlegen, die jedes für sich ganz übersichtlich sind.

Wahrscheinlich findest du bei den Teilchen dann auch solche, die eigentlich ganz spannend sind oder dich auf eine interessante Idee bringen. Aber Vorsicht: Vergiss bei der interessanten Idee nicht die eigentliche Aufgabe…

Falls bei den Teilchen doch noch ein fürchterlich langweiliges übrigbleibt – bestimmt findet sich eine Lieblingsmusik, die du nebenbei hören kannst...

Ansonsten fallen uns noch ein paar andere Möglichkeiten ein, die manchmal (oder auch oft) helfen, unangenehme Dinge zu beginnen:

- Nimm dir einen Zeitpunkt vor, zu dem die Aufgabe geschafft sein soll und sage ihn z.B. deinen Eltern.

- Bitte deine Eltern oder deine Lehrerin/deinen Lehrer, dich an die Aufgabe zu erinnern.

- Denke daran, dass du vielleicht auch anderen eine Freude machst, wenn du die Aufgabe erledigst.

- Überlege, ob die Aufgabe nicht auch irgendwie nützlich ist und dir – nachdem sie erst einmal geschafft ist – das nächste Mal viel Zeit spart.

Ganz bestimmt gibt es noch viel mehr Tricks, die helfen, Aufgaben zu besiegen.

Wenn Du eine Idee hast, probiere sie einfach aus. Und wenn der Trick hilft – dann verrate ihn anderen und vielleicht auch uns, damit wir ihn in die nächste Ausgabe dieses Buches mit aufnehmen können.

Was du kannst und was dir hilft …

Wie du schon erfahren hast, kannst du in schwierigen Situationen gut und schnell reagieren, viele Ideen entwickeln und findest oft Lösungen für knifflige, aber auch interessante Probleme. Außerdem nimmst du sehr gut wahr, was andere denken und fühlen.

Damit lässt sich eine Menge anfangen. In einer Gruppe (z.B. in deiner Klasse) kannst du dafür sorgen, dass das Lösen schwieriger Aufgaben gelingt und auch noch Spaß macht. Du kannst auch sehr gut helfen, Konflikte zu lösen und Streit zu schlichten.

Schwierigkeiten hast du manchmal, deine Ideen bis zum Ende – da wird es oft langweilig – umzusetzen. Vielleicht hast du auch schon bemerkt, dass dir manche praktischen Dinge, z.B. ordentliches Schreiben oder genaues Ausschneiden von Papier schwerfallen.

Daran ist eigentlich nichts Schlimmes – jeder Mensch kann bestimmte Dinge sehr gut und andere eben weniger. Und weil das so ist, hilft man sich am besten gegenseitig.

Deshalb ist es gut, wenn die anderen Kinder in deiner Klasse wissen, dass du ADHS hast und was du deshalb besonders gut oder eben weniger gut kannst. Und umgekehrt natürlich genauso …

Leider klappt das mit der gegenseitigen Hilfe aber nicht immer. So möchte z.B. bei einer Klassenarbeit deine Lehrerin / dein Lehrer natürlich wissen, was du alleine kannst. Und damit du zu Hause nachlesen kannst, was in der Schule eigentlich los war, musst du dir auch selber etwas aufschreiben.

Wenn du bemerkst, dass du damit große Schwierigkeiten hast, dann bitte am besten deine Eltern, mit deinen Lehrern zu sprechen.

Bestimmt finden sich da Möglichkeiten, dir zu helfen.

So könnte es sein, dass du für schriftliche Arbeiten etwas mehr Zeit bekommst oder dir erlaubt wird, zum Mitschreiben im Unterricht einen Computer zu benutzen. Vielleicht haben deine Lehrer auch eine Idee, wie sie die wichtigsten Dinge so übersichtlich an die Tafel schreiben können (vielleicht in einer Tabelle), dass du sie sehr einfach übernehmen kannst. Auf jeden Fall werden sie aber darüber nachdenken, wie sie dich unterstützen können.

Und wenn es trotzdem mal Schwierigkeiten und Ärger gibt, dann denke daran, dass jedem – dir, wie auch den anderen – Fehler passieren können und dass man es beim nächsten Mal besser machen kann …

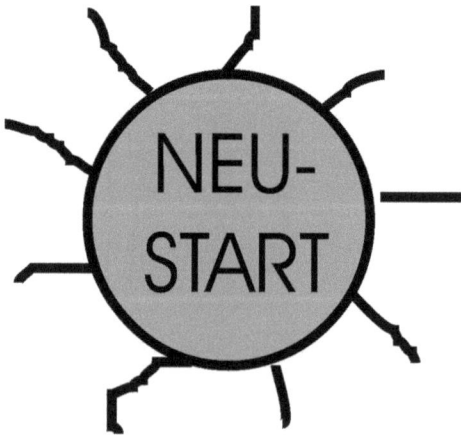

PS:

Dieses Büchlein haben wir im Hyperfokus in 3 Tagen geschrieben. Menschen ohne ADHS hätten dafür sicher länger gebraucht.

(Ein bisschen ist das geschummelt. Der Text war zwar in dieser Zeit fertig – bis es aber wirklich so weit war, dass wir es drucken konnten, ist noch eine ganze Menge Zeit vergangen.)

Bevor du es jetzt in die Hand bekommst, haben wir es anderen ADHS-Erwachsenen gezeigt und sie um ihre Meinung gebeten.

Am meisten interessiert uns jedoch, was du selbst zu diesem Buch sagst.
Das kannst du uns schreiben unter info@adhs-institut-berlin.de.

Richtig toll ist es für uns, wenn du genauer erklären kannst, was dir gefallen oder nicht gefallen hat. Wenn du das ganze Buch blöd und sinnlos findest, dann sag uns auch das!

Unsere Hoffnung ist, dass du mit dem Büchlein etwas anfangen kannst. Gern würden wir es nach deinen Tipps verbessern.